Fröhlich-bunte Window-Color-Bilder

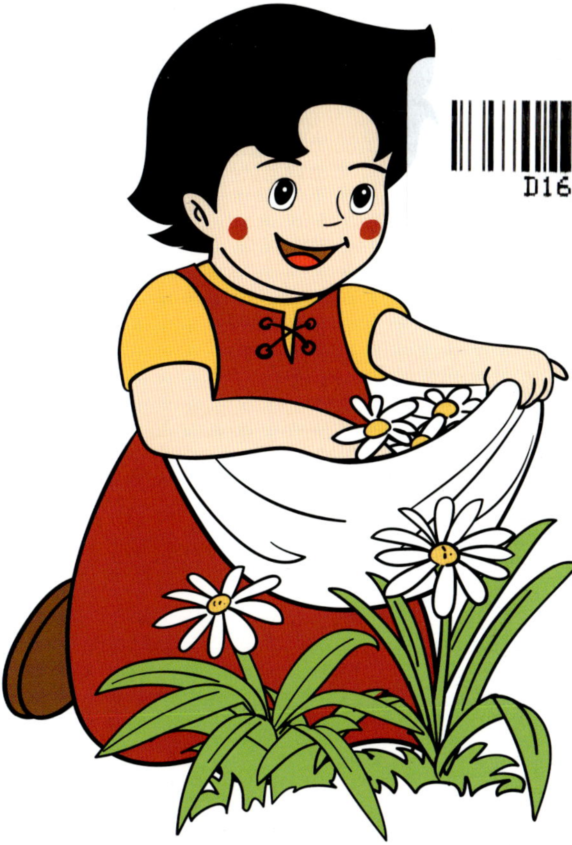

Schwager & Steinlein Verlag GmbH
in der VEMAG Verlags- und Medien Aktiengesellschaft, Köln
© 2003 JUNIOR.TV GmbH & Co. KG
Lizenz durch EM.TV & Merchandising AG
ISBN 3-89600-584-7

So wird's gemacht!

1 Legen Sie die gewählte Vorlage unter eine Klarsichtfolie im Format DIN A4 oder DIN A3. Malen Sie niemals auf Papier, da sich die Fensterbilder davon nicht ablösen lassen. Damit Folie und Vorlage nicht verrutschen, fixieren Sie sie mit Klebestreifen.

2 Sie können mit der schwarzen Konturenfarbe direkt aus der Flasche die Außenlinien nachziehen. Sie sollten beim Herauslaufen der Farben die Spitze ein wenig anheben. Sollten beim Farbverlauf Luftblasen entstehen, stechen Sie diese sofort mit einer Nadel auf und füllen Sie die entstandene Lücke mit Farbe aus. Bevor Sie mit dem Ausmalen der Farbflächen beginnen, lassen Sie die Konturen ca. acht Stunden trocknen.

3 Wenn die Kontur trocken ist, können die Innenflächen nach Lust und Laune – ebenfalls direkt aus der Flasche – mit den Window Color Farben ausgemalt werden. Sie sollten dabei die Farbe großzügig auftragen und sie dann mit der Spitze der Farbflasche oder einem anderen dünnen Gegenstand gleichmäßig verteilen.

4 Lassen Sie das Bild jetzt mindestens 24 Stunden trocknen und lösen Sie dann behutsam das fertige Motiv von der Klarsichtfolie. Legen Sie es auf die zu verzierende Fläche (Fenster, Spiegel, Kachel ...) und drücken Sie es vorsichtig an. Bitte legen Sie niemals die einzelnen Bilder zum Aufbewahren direkt aufeinander, da sie sonst miteinander verkleben. Legen Sie als Trennhilfe Folie zwischen die einzelnen Bilder.

Bei großen oder filigranen Motiven sollten die Zwischenräume mit Transparent gefüllt werden, das gibt dem Bild mehr Festigkeit.

Vorlage 1

- **Kontur**
  Schwarz

- **Farben**
  Schwarz
  Weiß
  Dunkelgelb
  Haut
  Braun
  Hellbraun
  Rot
  Hellblau
  Blau
  Beige
  Rotbraun

Vorlage 2

- **Kontur**
  Schwarz

- **Farben**
  Schwarz
  Weiß
  Haut
  Maisgelb
  Rot
  Braun
  Grün

Vorlage 3

- **Kontur**
  Schwarz

- **Farben**
  Schwarz
  Weiß

  Dunkelgelb
  Dunkelbraun
  Haut
  Hellbraun
  Blau
  Rot

  Hellgrau
  Dunkelgrau
  Rosa
  Hellgrün
  Hellblau
  Rotbraun

Vorlage 4

● **Kontur**
Schwarz

● **Farben**
Schwarz
Weiß
Haut
Maisgelb
Rot
Braun

Vorlage 5

- **Kontur**
  Schwarz

- **Farben**
  Hellgrau
  Rosa
  Weiß
  Schwarz
  Dunkelbraun
  Gelb
  Dunkelgrau

Vorlage 7

- **Kontur**
  Schwarz

- **Farben**
  Hellgrau
  Haut
  Schwarz
  Weiß
  Hellblau

Vorlage 8

- **Kontur**
  Schwarz
  Braun
  Schwarz
  Weiß
- **Farben**
  Hellbraun
  Rotbraun
  Haut
  Rot
  Maisgelb

Vorlage 10

- **Kontur**
  Schwarz

- **Farben**
  Schwarz
  Weiß
  Haut
  Braun
  Maisgelb
  Rot
  Hellgrau
  Dunkelgrau
  Rosa

Vorlage 9

- **Kontur**
  Schwarz

- **Farben**
  Hellbraun
  Mittelbraun
  Dunkelbraun
  Schwarz
  Weiß
  Beige
  Grün

Vorlage 11

- **Kontur**
  Schwarz

- **Farben**
  Schwarz
  Weiß
  Maisgelb
  Haut
  Braun
  Hellbraun
  Rot
  Hellblau
  Blau
  Beige
  Rotbraun
  Hellgrau
  Dunkelgrau

Vorlage 12

- **Kontur**
  Schwarz

- **Farben**
  Schwarz
  Weiß
  Haut
  Maisgelb
  Rot
  Braun
  Hellblau
  Orange

Vorlage 13

- **Kontur**
  Schwarz

- **Farben**
  Dunkelgrün
  Gelb
  Dunkelbraun
  Schwarz
  Weiß
  Haut
  Rot
  Dunkelgelb

Vorlage 14

- **Kontur**
  Schwarz

- **Farben**
  Schwarz
  Weiß
  Haut
  Maisgelb
  Rot
  Braun
  Rotbraun

Vorlage 18

- **Kontur**
  Schwarz

- **Farben**
  Rot
  Haut
  Weiß
  Schwarz
  Hellbraun
  Blau
  Orange
  Grün

Vorlage 20

- **Kontur**
  Schwarz

- **Farben**
  Schwarz
  Weiß
  Haut
  Maisgelb
  Rot
  Braun
  Dunkelbraun
  Hellbraun
  Hellblau

Vorlage 21

- **Kontur**
  Schwarz

- **Farben**
  Schwarz
  Haut
  Weiß
  Rot
  Braun
  Hellgelb
  Flieder
  Hellbraun

Vorlage 24

- **Kontur**
  Schwarz

- **Farben**
  Blau
  Gelb
  Haut
  Schwarz
  Weiß
  Braun
  Hellbraun
  Rot
  Dunkelgrau
  Hellgrau

Vorlage 26

- **Kontur**
Schwarz

- **Farben**
Blau
Gelb
Rot

Haut
Schwarz
Weiß
Braun
Grau
Grün

Vorlage 27

- **Kontur**
  Schwarz

- **Farben**
  Schwarz
  Weiß
  Haut
  Maisgelb
  Rot
  Braun